UNE FAMILLE

DE

SCULPTEURS LORRAINS.

UNE FAMILLE

DE

SCULPTEURS LORRAINS

PAR HENRI LEPAGE

Archiviste de la Meurthe

Chevalier de la Légion d'honneur et de l'ordre de François-Joseph

Président de la Société d'Archéologie lorraine

Correspondant du Comité des travaux historiques et des Sociétés savantes.

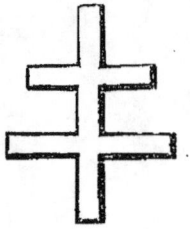

NANCY,

LUCIEN WIENER, RUE DES DOMINICAINS, 53.

1863.

UNE FAMILLE

DE

SCULPTEURS LORRAINS.

I.

J'ai entendu plus d'une fois exprimer le vœu que l'on pût avoir quelque jour une Biographie lorraine composée d'après des documents authentiques et dégagée des erreurs traditionnelles qui sont arrivées jusqu'à nous, invariablement reproduites, souvent même amplifiées par les copistes des écrivains du siècle dernier. Une telle entreprise serait, en effet, d'une incontestable utilité : elle permettrait de rendre à des personnages injustement oubliés l'illustration qu'ils méritent, de restituer à d'autres, non-seulement leurs œuvres, mais parfois jusqu'à leur nom.

C'est surtout lorsqu'il s'agit d'individus ayant appartenu à la même famille, que des omissions ou des substitutions de ce genre ont été commises, et je n'en veux d'autre exemple que les artistes auxquels est consacrée cette notice.

Lorsqu'on parle de sculpteurs lorrains, on ne manque jamais de citer les Drouin comme des célébrités en ce genre ; mais, si l'on veut chercher des détails sur leur vie ou sur leurs ouvrages, on rencontre, dans les auteurs qui se sont occupés d'eux, des renseignements si incomplets, des assertions tellement contradictoires, qu'on ne sait à quelles versions s'arrêter.

J'ai transcrit ce que disent de ces artistes les biographes anciens et modernes, et l'on va voir si ces écrivains ne justifient pas les reproches que je viens de leur adresser.

Le premier, en suivant l'ordre chronologique, est Dom Calmet, dans sa *Bibliothèque lorraine* (t. I, col. 336-337), ouvrage sérieux, qui fait autorité, et auquel on commence toujours par recourir pour les recherches biographiques :

« Drouin, fameux sculpteur, étoit de Nancy ; étant allé
» à Paris, il fut membre de l'Académie de Sculpture. Il
» mourut à Nancy vers le milieu du xviie siècle. Il a
» fait : 1° toutes les statues qui étoient au grand perron
» du jardin de la Cour de Nancy, et celles qui étoient à
» côté ; 2° le mausolée du cardinal Charles de Lorraine,
» qui est dans l'église des Cordeliers de la même ville ; on
» y voit les quatre docteurs de l'Eglise, qui sont de mar-
» bre blanc : ce mausolée passe pour le plus beau qui soit
» à Nancy ; 3° en 1642, il fit celui de messieurs de Bassom-
» pierre, aux Minimes de Nancy ; 4° les douze apôtres et
» les quatre évangélistes qui sont dans la chapelle des
» messieurs de Rennel, dans la même église ; 5° les trois
» statues de S. Sébastien, de S. Roch et de S. Charles,
» qui étoient un vœu de la même ville, dans l'ancienne
» église de Bon-Secours.

» Drouin étoit encore bon architecte. Le prince Henry
» de Lorraine, abbé de S. Mihiel, fils naturel du duc
» Henry II, ayant résolu de bâtir à ses frais l'église des
» Bénédictins de Nancy, en fit jeter les fondemens le 2
» juillet 1626. L'église devoit être semblable à celle des

» Incurables de Rome, et Drouin y avoit été exprès, pour
» en prendre le modèle et les dimensions ; mais la mort
» prématurée du prince Henry, arrivée six mois après,
» fut cause que l'ouvrage ne fut pas poussé à sa perfec-
» tion ».

Chevrier, qui a pris plaisir à critiquer Dom Calmet, a voulu être plus explicite que lui, et n'a fait que commettre deux erreurs, sans nous rien apprendre, ou à peu de chose près, qui ne soit déjà dans la *Bibliothèque lorraine*. Voici en effet, ce que nous lisons dans ses *Mémoires pour servir à l'histoire des hommes illustres* de notre pays (t. I, p. 199) :

« *Nicolas* Drouin nâquit à Nancy en 1590. La sculp-
» ture, à laquelle il s'adonna, lui mérita la haute réputa-
» tion dont il jouit encore.

» A peine arriva-t-il à Paris, que l'Académie de Sculp-
» ture l'admit au nombre de ses membres, le Roi de France
» désiroit même se l'attacher ; mais Droüin, qui vouloit
» que sa patrie renfermât ses plus beaux ouvrages, revint
» à Nancy, qu'il embellit par des morceaux rares ; le tems
» ou pour mieux dire des arrangemens inattendus, en ont
» détruit une partie ; mais le tombeau qu'on voit aux Cor-
» deliers du Cardinal Charles de Lorraine, ouvrage unique
» dans son espèce, passera dans tous les tems pour un
» chef-d'œuvre de l'art. On y admire surtout les quatre
» docteurs de l'Eglise qui l'environnent : ils sont de mar-
» bre blanc, et de hauteur naturelle ; mais travaillés avec
» tant de vérité et d'expression, qu'il semble que l'artiste
» a empreint sur le front de chacun d'eux le caractère qui
» les distingue.

» Le mausolée de la famille des Bassompierre, qu'on
» voit dans l'église des Minimes, qu'ils ont fondés, est fort

» estimé aussi ; quoiqu'il ne vaille pas l'autre, on voit ai-
» sément qu'il vient d'un grand homme.

» Droüin mourut dans sa patrie en octobre 1649. Je
» dirai à la honte des talens qu'on n'a point élevé de tom-
» beau à celui qui en fit un si grand nombre ».

Durival, dans sa *Description de la Lorraine* (t. II, p. 48-49), n'a donné qu'une espèce de résumé des articles de Dom Calmet et de Chevrier :

« *Nicolas* Drouin, dit-il, né en 1590, mort à Nancy en
» 1649, avoit exécuté les figures qui ornoient le perron du
» jardin de la Cour, représenté dans une belle estampe de
» Callot, appelée le Parterre. Nous en avons encore vu
» une partie. S. Sébastien, S. Roch et S. Charles en mar-
» bre blanc, au vœu de la ville dans l'ancienne chapelle de
» Bonsecours, étoient de lui. Le mausolée du cardinal
» Charles de Lorraine, aux Cordeliers, suffiroit pour l'im-
» mortaliser ».

Avant d'examiner ce que disent les auteurs modernes, il est bon de comparer les opinions des trois écrivains du siècle dernier, c'est-à-dire de ceux qui se trouvaient les plus rapprochés de l'époque où avaient vécu les personnages dont ils parlent.

Dom Calmet n'a connu qu'un Drouin, dont il a même ignoré le prénom. Il le fait mourir vers le milieu du xviie siècle, après avoir été membre de l'Académie de Sculpture, laquelle, il est bon de le remarquer, ne fut créée qu'en 1648[1]. Il lui attribue : 1° les statues du perron du

---

1. Voy., entr'autres, les *Mémoires pour servir à l'histoire de l'Académie royale de Peinture et de Sculpture depuis* 1648 *jusqu'en* 1664, publiés par M. Anatole de Montaiglon ; Paris, 1853 ; et

jardin de la Cour ; 2° le mausolée du cardinal Charles de Lorraine (lisez : *de Vaudémont*) ; 3° le mausolée de MM. de Bassompierre ; 4° les statues qui ornaient la chapelle des Rennel, dans l'église des Minimes ; 5° trois statues dans l'ancienne église de Bon-Secours ; 6° enfin, le plan de l'église des Bénédictins de Nancy.

Chevrier n'a connu non plus qu'un Drouin, auquel il donne le prénom de *Nicolas* ; il le fait naître en 1590 et mourir au mois d'octobre 1649. Il lui attribue : 1° le tombeau du cardinal Charles de Lorraine (lisez : *de Vaudémont*), qui mourut en 1587, et dont le mausolée dut être exécuté peu d'années après sa mort, c'est-à-dire vers l'époque où, suivant l'auteur que je cite, Nicolas Drouin voyait le jour ; 2° le mausolée de la famille de Bassompierre.

Durival a adopté également *Nicolas* Drouin, dont il fait l'auteur des statues du jardin de la Cour, des trois statues du Vœu de la ville de Nancy, et du beau mausolée de l'église des Cordeliers.

Telles sont les opinions des trois auteurs, parmi lesquels deux, au moins, sont considérés comme parfaitement dignes de foi, et dont le troisième (Chevrier) a des prétentions bien connues à l'exactitude historique. Je n'apprécie pas leurs assertions ; ce qui me reste à dire suffira pour en faire justice.

Je passe maintenant aux écrivains modernes, en commençant par Lionnois. Son *Histoire des villes vieille et neuve de Nancy* a été l'objet de nombreuses critiques, sou-

---

les *Mémoires de l'Académie de Peinture et de Sculpture,* publiés par MM. L. Dussieux, E. Soulié, Ph. de Chennevières, Paul Mantz et A. de Montaiglon. Ce dernier ouvrage contient la liste des membres de l'Académie, et l'on n'y voit figurer aucun individu du nom de Drouin.

vent méritées, il faut bien le reconnaître ; néanmoins, on trouve dans ce livre une foule de renseignements précieux: le difficile est de les découvrir. J'ai essayé d'y relever toutes les notes relatives au sujet dont je m'occupe, et voici le résultat de ce pénible dépouillement :

En parlant du remarquable morceau de sculpture placé derrière le maître-autel de l'église des Cordeliers, Lionnois s'exprime de la manière suivante (t. I, p. 237-238) : « Il y a dans cette église quelques ouvrages d'habiles artistes... La *Cène* qui est derrière le maître-autel, de *Drouin*, fameux sculpteur de Nancy, qui y mourut vers le milieu du dernier siècle. Il avoit été membre de l'Académie de Sculpture de Paris. Il revint dans sa patrie par ordre du duc Charles III, qui lui commanda les statues qui ornoient encore, en 1750, le grand perron du jardin de la Cour[1]. Les lions qui terminoient de part et d'autre l'escalier, étoient surtout fort estimés. Il fit la Cène dont nous parlons vers l'an 1582. Les figures de Jésus-Christ et des Apôtres, de grandeur ordinaire, sont assises devant une vaste table ornée de sa nappe et couverte de plats. Sur celui du milieu, devant Notre-Seigneur, étoit un Agneau pascal qui ne paroît plus depuis 1759, qu'on a dépouillé ce beau monument de tous ses ornemens. Car, avant cette époque, cette Cène étoit dans un ordre d'architecture complet, accompagné de statues dans des niches, surmonté par une Résurrection de Notre-Seigneur sortant du tombeau, s'élevant jusqu'à la voûte de l'église.... »

---

1. Ce passage renferme au moins deux grossiers anachronismes : l'Académie de Sculpture sous Charles III, tandis que, comme je l'ai fait observer plus haut, elle ne fut fondée qu'en 1648 ; les statues du parterre de la Cour exécutées seulement, comme on le verra plus loin, en 1616, c'est-à-dire sous le règne d'Henri II.

Ce beau monument, ajoute Lionnois, avait été fait aux frais de Didier Bourgeois, conseiller d'Etat, et de Gertrude Fournier, son épouse, morts tous deux en 1584, et dont l'épitaphe, ornée de figures, était aussi de la main de *Drouin*.

L'auteur des deux ouvrages dont il vient d'être parlé, et au nom duquel Lionnois aurait pu, sans crainte, ajouter le prénom de *Florent*, est ainsi appelé par lui, d'abord au sujet des décorations de la façade intérieure de la seconde porte Notre-Dame (t. I, p. 22), puis (t. I, p. 450) à l'occasion de la statue qui surmonte encore aujourd'hui la porte Saint-Georges. L'attribution de cette statue n'est pas douteuse, puisqu'on a le texte même du marché passé, le 13 février 1608, entre Elysée d'Haraucourt, gouverneur de Nancy, et Me *Florent Drouyn*, sculpteur de S. A., demeurant en cette ville. Quant au traité pour la porte de la Citadelle, qu'il a eu cependant sous les yeux, Lionnois a omis, par une inconcevable distraction, de reproduire le passage où le nom de l'artiste devait certainement se trouver prononcé.

Le même écrivain indique (t. I, p. 118), comme étant « du ciseau du célèbre *Nicolas* Drouin, et digne de l'ad- » miration des connoisseurs », le tombeau, dans l'église des Cordeliers, du cardinal Charles de Vaudémont ; monument remarquable en effet, mais qui a perdu beaucoup de son caractère, et dont les statues qui le complétaient décorent maintenant deux chapelles de la cathédrale.

Lionnois cite encore (t. II, p. 386) « *Simon* Drouyn, » célèbre sculpteur de S. A. » (le duc Charles IV), lequel, moyennant 2,880 fr. barrois, se chargea de la construction, dans l'église des Carmes, de la chapelle ou de l'autel que M. d'Haraucourt, gouverneur de Nancy, avait le projet d'y ériger, et qui fut élevée, en 1630, par les soins de sa veuve, Christine de Marcossey.

Enfin, le même écrivain attribue à des Drouin, mais dont il ne donne pas le prénom : 1° le modèle du mausolée de Christophe de Bassompierre et de Louise de Radeval, son épouse, dans l'église des Minimes (t. II, p. 294) ; 2° (t. II, p. 295) les figures qui ornaient le tombeau de Georges-Affrican de Bassompierre, mort en 1633, et d'Henriette de Tornielle, son épouse, dans la même église ; 3° celles qui décoraient la chapelle des Rennel, aussi aux Minimes (t. II, p. 303) ; 4° enfin, le plan de l'église de l'abbaye de Saint-Léopold, dont la première pierre fut posée le 2 juillet 1626. « Drouin, fameux architecte et sculp-
» teur, dit-il, fut envoyé exprès à Rome pour y lever ce
» plan, et prendre les dimensions de l'église des Incu-
» rables, qu'il avoit prise pour modèle », etc.

Ainsi, d'après Lionnois, il y aurait eu au moins trois Drouin : *Florent, Nicolas et Simon*, sans compter le dernier, dont il ne semble pas faire un personnage distinct de l'un des trois précédents.

Plus les biographies se rapprochent de nous, plus on y remarque d'erreurs, grâce aux additions et aux *embellissements* faits par les nouveaux venus aux œuvres de leurs devanciers.

Voici d'abord la *Biographie historique et généalogique des hommes marquans de l'ancienne province de Lorraine*, dont l'auteur, on va le voir, ne s'est pas borné à jouer le rôle de copiste.

« DROUIN (*Florent*), membre de l'Académie de Sculpture
» de Paris, à qui l'on doit la Cène de la paroisse Saint-
» Epvre de Nancy, 1582 ; les bas-reliefs de la face inté-
» rieure de la seconde porte Notre-Dame, 1596 ; la statue

» placée sur la porte Saint-Georges, 1608 ; celles qui or-
» naient le grand perron de la Cour ; d'autres figures à
» Saint-Epvre, encore de Jésus-Christ, de ses apôtres et
» d'un Agneau pascal, qu'on ne se lassait point, *disent les*
» *historiens du temps*, d'admirer.

» DROUIN (*Nicolas*), architecte et sculpteur habile, non
» moins connu que le précédent, né à Nancy en 1590,
» mort en 1649. On cite de lui les deux mausolées qui
» ont été placés aux Minimes et aux Cordeliers de cette
» ville ; les trois statues de saint Sébastien, saint Charles
» et saint Roch, érigées dans l'ancienne église de Bonse-
» cours, *et qui passaient pour ce qu'il y avait de mieux*
» *exécuté alors à Nancy* ».

Au dire de l'auteur que je cite, les Drouin, de même
que Callot, se distinguèrent autant par leur patriotisme
que par leur talent, en « restant insensibles aux offres at-
» trayantes de l'étranger »!....

La *Biographie universelle* (t. XI, p. 322) laisse bien
loin derrière elle celle des hommes marquants de la Lorraine ; je ne puis rien souligner de ce qu'elle dit, car presque tout mériterait de l'être.

« DROUIN (........), sculpteur né à Nanci au commence-
» du XVIIe siècle, vint de bonne heure à Paris étudier son
» art dans l'atelier des maîtres de cette ville. De retour
» dans sa patrie, il fut chargé de presque tous les travaux
» que la ville de Nanci fit exécuter de son vivant ». (Suit
l'énumération des œuvres de l'artiste, d'après Dom Calmet.)

» Le nombre des statues exécutées par Drouin est fort
» considérable. Pénétré de l'amour de son art, cet ar-
» tiste laborieux donnait tout son temps au travail ; il
» consacrait à l'étude de l'architecture les moments qu'il

» dérobait à la sculpture. Le prince Henri de Lorraine »,
etc. (comme dans Dom Calmet).

» Drouin mourut à Nancy en 1647, encore dans la fleur
» de l'âge et dans toute la force de son talent ».

L'article de la *Nouvelle Biographie universelle* (t. XIV,
col. 799) surpasse encore ce qu'on vient de lire :

« DROUIN (........), sculpteur français, né à Nancy,
» mort jeune en 1647. Après avoir étudié à Paris, il re-
» vint dans sa patrie, qu'il enrichit d'un nombre consi-
» dérable de sculptures dont les plus remarquables étaient
» *à Paris* le mausolée du cardinal Charles de Lorraine
» dans l'église des Cordeliers, et un tombeau de la fa-
» mille de Bassompierre, dans l'église des Minimes *de la*
» *place Royale* ».

Je pourrais, sans aucun doute, multiplier les citations ;
mais ce serait superflu, et celles qui précèdent suffisent
pour montrer comment, au xixe siècle, à une époque de
recherches et d'érudition, on écrit encore l'histoire.

II.

Je vais essayer maintenant de rétablir la vérité, si sin-
gulièrement altérée. Je ne le ferai pas d'une manière
complète, parce que je n'ai pu découvrir tous les documents qui m'étaient nécessaires, notamment les anciens
registres des paroisses[1], dont la perte est si regrettable ;
mais, du moins, je n'avancerai des faits qu'avec les pièces
à l'appui. Cette façon de tracer l'histoire a peu de charme
et de poésie ; en revanche, elle offre l'incontestable avan-
tage de préserver des erreurs.

1. Les recherches que j'ai faites, relativement aux Drouin, dans
les registres qui se trouvent encore aux Archives de la ville de Nancy,
sont restées sans résultat.

La première question qu'il faudrait résoudre, et celle qui se présente tout d'abord à l'esprit, est de savoir si la famille des Drouin est originaire de Nancy, et si nous avons le droit de revendiquer ces artistes comme des illustrations lorraines.

Il s'agirait ensuite d'établir les liens de parenté qui existèrent entre les divers personnages de ce nom.

Je n'ai pas la prétention de chercher à donner la solution de l'une ni de l'autre de ces questions. Je ne pourrais le tenter qu'à l'aide d'inductions ou d'hypothèses plus ou moins spécieuses, mais qui me feraient courir le risque de me tromper. Ce que je puis dire seulement, c'est que le nom de Drouin n'était pas inconnu à Nancy à une époque où il est permis de supposer que vivaient celui ou ceux qui furent la souche de la famille. Dans des rôles d'habitants de cette ville, de 1551, 1560, 1571 et des années postérieures, on trouve un Mengin Drouyn demeurant rue de l'Ecurie ; Jacques Drouyn et Drouyn, palefrenier, tous deux rue du Haut-Bourget ; Demenge Drouyn, résidant au faubourg Saint-Nicolas, d'où il se retira, à la fin de 1551, pour aller se fixer à Rosières; Drouyn, boulanger, rue du Petit-Bourget ; François Drouyn habitant rue du Vieil-Chastel, puis rue des Etuves ; Jean Drowin, rue du Moulin ; Olry Drouin, rue du Vieux-Change ; Dominique Drouin, rue des Juifs, etc. Ces rôles, très-curieux à consulter, nous montrent, en 1580, Mre Fleurent, sculpteur », rue du Haut-Bourget ; « Mre Fleurent Drouyn », rue Narxon ; en 1582, « Mre Florent le masson », rue de la Boudière ; en 1583, le même ou son homonyme dans la rue des Etuves ; enfin, en 1589, « Fleurent Drouin masson » dans cette dernière rue. J'ajouterai, pour en finir avec cette énumération de noms, qu'à la suite du rôle de

1580, se trouve la note suivante, seul document généalogique que toutes mes recherches m'aient fait découvrir : « Isaac Drowin, cousturier, jeune filz et non marié, ne tient aucun mesnaige, et faict sa résidence avec Mre Fleurent Drowin, masson, son père ».

De tous ces noms, deux seulement, du moins que je sache, nous intéressent : ce sont ceux de ces maîtres Fleurent, sculpteur ; Fleurent Drouyn ; Florent, le maçon ; Fleurent Drouin, maçon, et Fleurent Drowin, aussi maçon.

Ces diverses dénominations, abrégées ou bien altérées par des variantes dans l'orthographe, s'appliquent aux deux personnages dont je vais m'occuper d'abord, c'està-dire aux deux Florent Drouin, dont l'un a été complètement inconnu des biographes ou confondu avec l'autre.

Cette confusion, je crains bien d'être exposé moi-même à la commettre plus d'une fois, lorsque mes notes ne seront pas assez explicites ; aussi donnerai-je simultanément celles qui se rapportent à chacun d'eux.

III.

LES FLORENT DROUIN.

La première mention que je rencontre atteste qu'un Florent Drouin avait quitté Nancy pour aller chercher fortune dans un pays voisin, où il avait déjà conquis, en 1571, une position honorable ; cette mention est ainsi conçue : « A Fleuran Drouyn, architecte de l'évesché de
» Metz, la somme de cent frans, monnoie de Lorraine,
» qu'il a pleu à Monseigneur luy donner et octroïer ceste
» fois de grâce spécialle pour plusieurs considérations à
» ce le mouvans[1] ».

1. Compte du trésorier général pour l'année 1571-1572, reg. coté B. 1111.

Le mandement du duc, qui enjoint au trésorier général de payer cette somme de cent francs, est daté du 23 novembre 1572 ; les termes dans lesquels il est conçu donnent à penser que le cadeau fait à Drouin par Charles III, avait pour but de le retenir près de sa personne. L'artiste accepta, sans doute, les offres que lui fit son prince, puisque, dès l'année suivante, il était devenu son sculpteur :

« A Mre Florent Drouyn, sculpteur de Monseigneur, la
» somme de trois cens frans qu'il a pleu à mondit seigneur
» ordonner lui estre paiez pour une grande statue d'Ado-
» nis qu'il a faict du commandement de mondit seigneur
» et de laquelle Sa Grâce a faict don à monsieur le comte
» de Mansfelt, gouverneur du duché de Luxembourg[1] ».

Les mentions qui précèdent permettent de fixer, au moins approximativement, la date de la naissance de Drouin : pour qu'il eût mérité le titre d'architecte de l'évêché de Metz ; pour qu'il fût jugé digne, par Charles III, d'être son sculpteur et de tailler des statues que ce prince offrait en présent à de grands personnages, on doit supposer qu'il était parvenu à la maturité du talent, c'est-à-dire qu'il devait avoir trente ans au moins ; d'où l'on pourrait conclure qu'il serait né vers l'année 1540.

A partir de 1572, Drouin est inscrit dans les comptes du trésorier général comme touchant annuellement 200 francs de gages ; ce qui ne l'empêchait pas de recevoir des honoraires pour les travaux dont il était chargé, soit en qualité d'architecte, soit en qualité de sculpteur. Des mandements des années 1576 et 1578 portent ce qui suit :

« Payé à Florent Drouyn, sculpteur de Monseigneur, la

Trésorier général, pour l'année 1572-1573, reg. coté B. 1112.

» somme de trois cent vingt frans pour ses peines et va-
» cations d'avoir faict et dressé la cheminée en la grande
» salle du chasteau de Nancy[1] ».

« A Florent Drouyn, sculpteur, quarante huict escus à
» quatre frans pièce, vallans cent quatre vingtz douze
» frans, pour fasson de seize cavalotz de carton pour ser-
» vir à ung combat en sale fait par monseigneur le mar-
» quis[2] ».

En 1581, nous voyons paraître pour la première fois le second Florent Drouin, à l'occasion d'une visite du pont de Pont-à-Mousson. On lit dans une pièce justificative du compte du trésorier général, pour cette année[3] :

« Parties faictes par Jacques Beaufort, controlleur des
» fortifications de Nancy, allant, séjournant et retournant
» de ce lieu au Pont-à-Mousson, suivant le commande-
» ment de Monseigneur, pour visiter le pont dudict Pont
» avec les cy après dénommez.
                » Et premier
» Ledict Jacques Beaufort seroit party de ce lieu le
» vingthuictiesme décembre 1581, avec messire Benedicte,
» ingénieur; Mre Florent Drouin, maistre masson; maistre
» Claude l'Enfariné, jadict maistre masson; *Florent*
» *Drouin* LE VIEL, aultre masson; Michiel Marchal, ser-
» viteur dudict Beaufort, et le charrestier qui auroit con-
» duict le huistique dedans lequel ilz seroient estez menez
» audict Pont; lesquelz seroient arrivez ledict jour audict
» Pont, y séjourné le landemain par tout le jour et l'aultre
» jour après jusques au disner inclusivement, que sont

---

1. Trésorier général pour l'année 1576-1577, reg. coté B. 1119.
2. Trésorier général pour l'année 1578-1579, reg. coté B. 1130.
3. Liasse cotée B. 1144 *ter*.

» deulx jours entiers, pour lesquelz a esté payé cinquante
» deulx frans... »

Il s'agit, sans doute, ici de la réception des travaux pour lesquels marché avait été passé, le 21 octobre 1580, entre Thierry Alix, président de la Chambre des Comptes, et Antoine Grata, maître maçon juré au duché de Bar[1].

L'année suivante, Florent Drouin fut chargé d'une opération analogue à la précédente : la rédaction d'un procès-verbal de visite de la saline de Rosières. Dans cette pièce, signée de sa main, il se qualifie « maistre masson du duché de Lorraine[2] ».

On sait que les salines de Rosières, après avoir été abandonnées vers l'an 1487, avaient été rétablies, en 1563, par les soins de la duchesse douairière Christine de Danemark, à qui Charles III les avait abandonnées[3]. En souvenir de cette réédification, la princesse avait fait sculpter ses armoiries sur la porte d'entrée, ainsi que nous l'apprend le procès-verbal en question, daté du 25 juillet :
« A l'entrée de ladicte salline est érigée une porte d'ordre
» doricque faicte à la rusticque et pour hornemens et co-
» ronnemens sont entaillé les amouryes de Sa Majesté
» faicte de demy relief ».

En 1583, Drouin dirige divers travaux qui s'exécutaient au château de Vézelise :
« Payé 85 frans à Nicolas Montaigne, maistre masson
» du comté de Vaudémont, pour avoir fait un escalier
» pour monter ès neufs greniers sur la petite escurie du
» chasteau, les marches, plafond, galerie et pilliers de
» pierres de tailles que, suivant l'advis de Mre Florent

---

1. Voy. *les Communes de la Meurthe*, t. II, p. 339, 2ᵉ col.
2. Trésor des Chartes, layette Marsal I, n° 19.
3. Voy. *les Communes de la Meurthe*, t. II, p. 432, 2ᵉ col.

» Drowin, M^re *masson du duché de Lorraine,* ledict Mon-
» taigne y auroit besogné[1] ».

Drouin ne fut officiellement chargé de ces fonctions qu'à dater de 1583, par suite de la retraite de Claude Villon, dit l'Enfariné ; du moins, c'est seulement à partir de cette époque qu'il est porté sur les comptes du trésorier général, pour ses gages tout à la fois de sculpteur et de maître maçon ; pour ce dernier emploi, il touchait 75 francs, qui furent réduits plus tard à 50.

En 1584, un des Drouin fut appelé à faire exécuter de nouveaux et importants ouvrages à Pont-à-Mousson, ainsi que le constate la mention suivante du compte du trésorier général[2] :

« Le comptable faict despence de deux mille six cent
» frans que, du commandement de Son Altesse, il a déli-
» vré à Fleurent Drouin, M^re masson à Nancy, pour sub-
» venir aux ouvraiges qu'il convient faire tant de la tour
» de Mandeguerre qu'aux escussons du pont de la ville et
» cité de Pont à Mousson ».

La simple qualification de « M^re masson à Nancy », donnée à l'individu auquel s'applique cette mention, me donne à penser qu'elle concerne Florent le Vieux, son homonyme portant toujours celle de « M^re masson du duché de Lorraine ». Elle lui est donnée, cette même année, en tête d'un chapitre du compte du domaine de Nancy[3] consacré aux « visitations des usines qui sont de la recepte » : « Ce jourdhuy septiesme du moys de novembre
» 1584, en présence de M. Didelot, conseiller et auditeur

---

1. Compte du domaine de Vaudémont pour l'année 1583.
2. Reg. coté B. 1148.
3. Reg. coté B. 7054.

» en la Chambre des Comptes, et Antoine de Nay, rece-
» veur du domaine de Nancy, visitation a esté faite du
» moulin de Jarville par *Fleurant Drouvin,* M^{re} masson
» au duché de Lorraine, et Claude Collin, dit de Toul,
» M^{re} charpentier à Nancy ».

J'ai attribué ailleurs[1] à Florent Drouin la direction des travaux du grand pont de pierre de Deneuvre, érigé en 1586 ; mais, en recourant au compte du domaine de cette ville[2], dans lequel j'avais puisé ce renseignement, j'ai reconnu que les nombreuses mentions qu'il renferme ne parlent que de « Mre Florent le masson de Nancy », c'est-à-dire, comme je le suppose, de Florent le Vieux.

On trouve, dans le compte du cellérier de Nancy[3], pour cette même année, un marché passé, le 19 décembre 1585, entre Jacques Beaufort, contrôleur général de Lorraine et Barrois, et plusieurs maçons et tailleurs de pierre, « pour l'ouvrage de taille et maçonnerie qu'il convient faire pour le rehaussement du corps de logis du château, du côté de l'église des Cordeliers, en présence de Mre Fleurent Drouin *le vieulx*, demeurant à Nancy, qui aura charge pour Son Altesse de conduire l'ouvrage... »

C'est encore de lui, sans doute, qu'il est question dans la note suivante, empruntée au compte du domaine de Pont-à-Mousson, pour l'année 1589[4] : « Le recepveur
» mest en despance la somme de quinze cens soixante et
» ung franc ung gros douze deniers qu'il a payé à M^{re}
» Benoist Grata, M^{re} masson demeurant au Pont à Mous-

---

1. Voy. *les Communes de la Meurthe,* t. I, p. 278.
2. Reg. coté B. 4944.
3. Reg. coté B. 7426.
4. Reg. coté B. 7915.

» son, à Mre Florant, à Humbert Jacquemin, et à Jacque-
» min Payemal, mareschal demeurant audict Pont, pour
» les ouvrages et réparations faictes en la présente année
» au pont d'entre les deulx villes de la ville dudict Pont,
» suivant les marchez et visitation que, de l'ordonnance
» de Son Alteze, en ont esté faicte par le sieur Barnet
» avec les officiers dudict lieu et Mre Florent Drouin,
» M^re masson de Nancy, pour l'esgard de ladicte visita-
» tion... »

En 1593, un Florent Drouin est envoyé à Sierck pour reconnaître les brèches arrivées aux murailles de la ville :
« Payé à Florant Drowin la somme de six vingtz frans
» qu'il a pleu à Son Altesse luy ordonner pour son salaire,
» despens et journées de deux voyages qu'il a faicte (sic)
» audit Sierque, l'ung pour visiter ladite bresche, et l'autre
» pour veoir les ouvrages, remarquer s'ilz estoient faitz
» selon l'ordonnance, estoisser les murailles de ladite ré-
» paration[1]... »

Je trouve, enfin, dans les pièces jointes au compte du cellérier de Nancy, pour l'année 1594[2], le texte du marché passé, le 16 octobre, avec Jacquemin Cueillet, gruyer de Nancy, pour les réfections à faire au vieux pont de Malzéville, « suivant le rapport et avis [des] experts qui les ont
» visitez, sçavoir : Mre Florent Drouin *l'aisné*, Didier des
» Jardins, Jean le Brun, masson,.... commis et députez
» par François de Chastenois, conseiller de S. A. et audi-
» teur en sa Chambre des Comptes ».

C'est la dernière fois qu'il est question de Drouin le vieux ou l'aîné, comme il est appelé ici, et c'est vraisem-

---

1. Compte du domaine de Sierck, pour l'année 1593, reg. côté B. 9178.
2. Liasse cotée B. 7439.

blablement vers cette époque que l'on peut placer la date de sa mort. Il est probable aussi que ce personnage eut avec le sculpteur, son homonyme, des liens de parenté assez étroits, si l'on en juge par une similitude de noms qui ne saurait être un pur effet du hasard.

On remarquera que fort peu de mentions s'appliquent aux ouvrages de sculpture exécutés par Florent Drouin ; mais s'il est vrai, comme tout porte à le croire, qu'on doive lui attribuer la Cène des Cordeliers, faite en 1582, le mausolée du cardinal de Vaudémont, en 1589, et, plus tard, en 1596, les ornements de la seconde porte Notre-Dame, on s'étonnera moins qu'il soit si peu fréquemment parlé de lui dans les comptes.

Les mentions qu'il me reste à reproduire sont tirées des registres du trésorier général, des années 1594, 1596, 1600 et 1601 ; elles sont généralement peu importantes ; néanmoins, je n'ai pas cru devoir les passer sous silence : elles suppléent aux renseignements biographiques, qui nous font absolument défaut.

« A Mre Fleurent Drowin, sculpteur à Son Altesse et
» M^re masson, cent frans pour remboursement des fraiz
» qu'il a employé à l'érection d'une loge proche la Car-
» rière, au derrier de la maison de M. le bailly de Nancy,
» laquelle loge Sadite Altesse auroit fait donner à son
» jardinier pour lui servir d'estable à mectre son che-
» val (1594)[1] ».

» A Mre Fleurent Drouin, sculpteur, la somme de quatre
» vingt frans pour ung char à l'anticque qu'il at faict et
» fourny tout ce quy estoit nécessaire pour la venue du

---

1. Reg. coté B. 1181.

» combat à pied de monseigneur le marquis faict en ceste
» année (1596)¹ ».

« A Mre Florent Drouin, sculpteur à Son Alteze, la
» somme de cinq cens vingt frans à luy dheus pour une
» machinne en forme de fontaine et jardin qu'il at faict du
» commandement exprès de Son Alteze, dans laquelle es-
» toient douze cheises, et y assises madame et unze tant
» princesses que dames et damoiselles estantes de sa
» suytte en ung ballet par elle faict au carnaval de ceste
» année (1600)² ».

« A Mre Florent Drouuin, sculpteur, demeurant à Nancy,
» la somme de trois cens dix escus sols, vallans quatorze
» cens soixante douze frans six gros, pour faire et par-
» faire les ouvrages convenus de faire au cabinet artificiel
» que madame la duchesse faict faire au chasteau de
» Nancy (1601)³. ».

A l'année 1601 s'arrêtent les mentions de travaux exécutés par Drouin : resta-t-il inactif jusqu'en 1608, époque
où il fut appelé à sculpter la statue de saint Georges sur
la porte de ce nom? il est difficile de le supposer ; toujours est-il qu'on ignore complètement ce qu'il fit durant
cet intervalle de temps. Il est probable que Charles III
l'employa à des ouvrages auxquels l'obligeait, sans paie-
ments extraordinaires, son double emploi de sculpteur et d'architecte. Il continua à remplir ces fonctions,
aux gages de 275 francs, puis de 250, enfin de 150
seulement, jusque vers la fin de 1612, dernière année de
sa vie ; en effet, une note écrite en marge du compte, à

1. Reg. coté B. 1185.
2. Reg. coté B. 1196.
3. Reg. coté B. 1200.

l'article de ses gages, porte : « Obiit le viij^e de septembre présente année ».

Il eut pour successeur, comme architecte, Nicolas La Hiere, son collègue depuis un certain temps, et qui se qualifie « maître maçon et conducteur des bâtiments de Son Altesse » ; il ne fut pas remplacé comme sculpteur.

En rapprochant la date de la mort de Florent Drouin (1612) de celle où il est fait mention de lui pour la première fois (1571), on voit qu'il avait travaillé pendant quarante ans environ, et que, par conséquent, il devait être parvenu à un âge assez avancé. Légua-t-il son nom et son talent à sa postérité? A part Isaac, le couturier, désigné, dans le rôle de 1580, comme fils de « Mre Fleurent Drowin, masson », dénomination qui semble encore devoir s'appliquer de préférence à Drouin le vieux, je n'ai rencontré aucun individu qu'on puisse, avec certitude, regarder comme le fils de Drouin le sculpteur. Les seuls personnages de ce nom que je trouve mentionnés dans les registres de la paroisse Saint-Epvre, à l'époque où devaient vivre les descendants de notre artiste, sont, en 1623, un chirurgien ordinaire du prince de Phalsbourg et un archer des gardes ; mais les actes qui les concernent ne donnent pas le nom de leur père.

IV.

JESSÉ DROUIN.

En même temps que les deux Florent vivait un troisième Drouin, resté tout-à-fait inconnu aux biographes : c'est *Jessé*, dont le prénom biblique, de même que ceux d'Isaac et de Siméon, dont il sera parlé plus loin, a quelque chose d'étrange. Il est mentionné pour la première fois, en 1578, dans le marché passé avec Thierry Marchal, maître maçon, pour « le parachèvement » de la grande porte de « la neuve écurie » de la Carrière ; « pour la- » quelle porte, armoirie de dessus et enrichissement de » dessus qu'il fera faire par le petit Gérard de St-Mihiel » ou par *Jessé* », il lui sera accordé une somme de 400 francs[1].

Il est vraisemblable que notre artiste s'absenta pendant d'assez longues années, car nous ne le retrouvons plus qu'en 1610, nommé dans une note de peu d'importance, mais qui atteste sa présence à Nancy :

« A Mre Jessé Drouin, sculpteur, demeurant à Nancy, » la somme de dix frans pour avoir desposé ung oratoire » de pierre de marbre ou de couleur, du commandement » de Madame (la duchesse), qu'estoit en son cabinet, mis » ès mains du concierge de l'hostel pour le représenter et » rendre compte quant il en sera requis[2] ».

Quatorze années s'écoulent encore avant qu'on ne rencontre aucun nouveau document relatif à Jessé Drouin, et c'est dans les archives de la cathédrale de Toul qu'il faut aller le puiser : on y trouve, à la date du 25 juillet 1624, un marché passé entre l'artiste et le chapitre de cette église, pour refaire l'autel de Notre-Dame-au-Pied-d'argent. J'ai déjà publié[3] cette pièce intéressante ; mais elle trouve trop naturellement sa place ici pour que je ne la reproduise pas.

---

1. *Le Palais ducal de Nancy*, p. 71, et compte du cellérier pour l'année 1578-1579, reg. coté B. 7424.

2. Cellérier de Nancy pour l'année 1610, reg. coté B. 7476.

3. *Journal de la Société d'Archéologie*, décembre 1853. — Une autre pièce, jointe à celle dont il est ici question, et datée de 1633, fait mention d'un *Jean Drouin*, « jeune fils », demeurant Toul, qui paraît avoir été sculpteur.

« Marché pour l'ancien autel de Notre-Dame-au-Pied-d'argent, qui a été détruit et remplacé par celui qui est à gauche, dans la branche droite du transept.

» Furent présentz en leurs personnes R.^{d} et Vén.$_{bles}$ s.^{rs} Mess. Jacque Harquel, archidiacre de Ligny et chanoine de l'église cathédralle de Toul ; Mess. Antoine Fleury, licencié en théologie, trésorier et aussy chanoine de ladicte église ; Mess. Dominique Guillot et Mess. Dominique Olrion, M^e de fabricque, et aussy chanoines de ladicte église, d'une part, et Me Jessé Drouyn, M^{re} sculteur, residant à Nancy, d'aultre part; et recongnurent avoir faictz et font entre eulx les conventions cy après. Asscavoir que ledit maistre Jessé a promis et s'est obligé de revestir et enrichir, dans le jour et feste d'Assumption Nostre Dame de l'an prochain venant mil six centz vingt-cinq, les trois arcades qui sont derrier l'autel Nostre Dame du pied d'argent en ladicte cathédralle, sçavoir celle où est posée l'image de ladicte Nostre Dame, et les deux aultres qui sont de parte et d'aultre, en toute leur largeur, haulteur et dimensions, y comprins les pilliers qui font les séparations desdictes arcades et qui les enferment, depuis le pavet jusques au milieu de l'accostoire de la galerie de pierre qui règne au dessus desdictes trois arcades, suivant et au contenu du desseing qui en est dressé..., saufz ce qui se trouvera estre adjousté ou changé aux articles suivantz.

» Fera ledit Me Jessé tous fondements néecessaires pour supporter et affermir ledit ouvrage. Fournira tous matériaux pour massonnerie. Desmolira à ses frais et despens l'enrichissement qui est de présent à l'entour de ladicte image.... Fera construire ce qui paroist en blanc audit desseing de pierre de Sorcy bonne et loyalle et bien travaillée en la forme qu'il y est désigné, depuis le chapiteau du pied d'estal d'embas qui est à niveau de l'autel jusques à la corniche d'en hault, et de large en large desdictes arcades et pilliers. Depuis lesdits chapiteaux en tirant bas environ de la haulteur de cinq piedz jusques sur le pavet, toute la massonnerie sera de pierre de Viterne bonne et loyalle. Tout ce qui est marqué et pourtraict de noir sur ledit desseing, soit en forme de colomnes, pilastre et lames, et où il est escript marbre noir, sera fourny de bon et fin marbre noir bien poly, sans fentes, ruptures ny vaines bien notables et apparentes, le tout de la haulteur, forme et proportion quil y est désigné, suivant l'eschelle et petit pied marqué au dessous dudit desseing. Les huict pilastres seront chacune d'une pièce et auront ung quar de pied d'espaisseur environ et sailliront de deux poulces. Toutes les lames auront environ ung poulce d'espaisseur. Les quatres colomnes qui seront de parte et d'aultre de la niche où sera posé ledit image Nostre Dame, et les quatre petites du tabernacle seront aussy toutes chacunes d'une pièce et grosses à proportion de leur haulteur. Entre les colomnes du pend des costés du tabernacle posé au dessus de l'autel, y aura une niche enrichie d'une coquille au dessus et d'une soubpente avec marbre noir et de couleur. La frize du milieu au dessus de la porte dudit tabernacle, sera de marbre noir. La couverte dudit tabernacle sera en forme de dôme, marquetée de porphil et marbres de diverses couleurs, et d'une haulteur proportionnée.

» Dans la niche de l'image Nostre Dame y aura ung vaze ou bassin de pareille forme que ceulx qui sont représentés au petit arcade sur lequel sera posé ladicte image. Le pied d'estal qui est soubz les collomnes de marbre du costé droit de ladicte niche sera façonné avec ung auval de marbre rouge comme celuy qui est représenté au costé gauche.

» Item seront mis quatre aultres auvalles de marbre rouge ès quatre places vuides marquées en blanc dans le grand quadre de marbre noir qui enferme lesdictes collomnes et lesdictes niches de l'image Nostre Dame.

» En la table d'estante qui est au milieu de la grande frize au dessus de ladicte niche, sera escript ce mot grec en lettres d'or : TEOTOKO.

» Sur la corniche d'en hault, vis à vis de ladicte niche, sera posée ung image de la Résurrection de Nostre Seigneur, bien faicte, de six piedz de haulteur, sur ung pied d'estal enrichy de marbre noir, portant pied et demy d'espaisseur, entre deux frontons marqués au dessus de ladicte corniche d'en hault....

» Sur les corniches des aultres arcades qui sont de parte et d'aultre de celle de l'image Nostre Dame, y aura d'aultres frontons en roulleaux, et au milieu ung écusson de marbre noir, où sera inscript le nom de JESUS en lettres d'or sur un pied d'estal d'ung costé, et celuy de MARIA d'aultre costé. Et seront lesdits piedz d'estalz et frontons enrichis de marbre noir.

» Les piedz d'estalz des quatre petittes arcades qui seront de parte et d'aultre de l'image Nostre Dame, règneront de la largeur desdictes arcades jusques aux impostes enrichis de marbre rouge et noir sans aucuns bassins.

» Et seront tous les ouvrages cy dessus spéciffiés faictz et construictz suivant et au contenu dudit desseing, saulf ce qui est changé et adjousté, et dans le terme préfigé.....

» Moiennant quoy et pour tous lesdits ouvrages, lesdits seigneurs ont promis payer audit Me Jessé la somme de quatre milz frans barrois. Surquoy et à compte lui a esté advancé la somme de huict centz frans, le surplus paiable à mesure et proportion que ladicte besongne s'advancera.

» A l'effect de quoy lesdits Srs Archidiacre, Trézorier et chanoines ont obligez et obligent solidairement et subsidiairement tous leurs biens. Comme réciprocquement ledit Me Jessé et Magdelaine Mathieu, sa femme, présente en personne et de luy licenciée et auctorizée en ce cas, et laquelle licence elle a receu pour agréable pour s'obliger avec ledit son marit pour l'effect cy dessus, et renoncer à tous priviléges et bénéfices introduictz en son faveur, de faire et parfaire tous les ouvrages cy dessus désignez et audit temps, à peyne de tous interrestz, frais et despens, ont obligez tous les leurs.

» Et pour asseurance plus grande, Me Gérard Gaspard, M^e architect demeurant à Toul, à la requeste dudit Me Jessé et de ladicte Magdelaine, sa femme, s'est volontairement constitué caution, principal observateur de tout le contenu cy dessus.....

» Ce fut ainsy faict et passé à St Mansuy, ce vingtcinquième juillet mil six centz vingt quatre..... »

Par un autre acte, daté du 12 novembre 1625, Jessé Drouin reconnaît avoir reçu « la somme de quatre milz frans, moiennant cent francs qu'il a receu manuellement et contant par les mains des sieurs Fleury et Guillot, qui luy restoient deubz pour la parpaye de ladicte somme de quatre milz frans, moiennant quoy il quitte lesdits sieurs de tous les ouvrages, besongnes et fournitures qu'il a faict pour l'embellissement et décoration de l'autel Nostre Dame au pied d'argent et des arcades quils y sont contigues.... »

Telles sont les seules particularités que j'ai pu recueillir relativement à Jessé Drouin ; le dernier document permet de présumer que cet artiste était loin d'être dépourvu de talent, puisque le chapitre de la cathédrale de Toul n'hésitait pas à lui confier un ouvrage important, destiné à décorer cette vieille église, qui devait renfermer tant de chefs-d'œuvre.

Peut-être bien aussi que, parmi les sculptures attribuées aux Drouin, il en est plus d'une dont on devrait reporter l'honneur à Jessé : celui-ci, en effet, ne parcourut pas une si longue carrière sans enrichir sa patrie de travaux remarquables ; il fallait bien qu'il eût acquis une certaine renommée dans la capitale de la Lorraine, alors foyer des arts et de la civilisation, pour qu'on vînt l'y chercher, de préférence à tant d'autres artistes qui faisaient l'illustration de leur pays.

V.

SIMÉON DROUIN.

Entre les œuvres qu'on attribue aux Drouin, il y en a une surtout qui mérite d'être signalée : je veux parler des statues qui décoraient l'escalier du jardin de la Cour, et qu'on voit représentées dans *le Parterre* de Callot. S'il faut en croire Durival, elles existaient encore en 1750 ; mais, lorsque Stanislas eut fait démolir le palais commencé sur la Carrière par Léopold, d'après les dessins de Boffrand, ces beaux morceaux de sculpture, que rien ne protégeait, furent mutilés par les enfants et tombèrent bientôt par débris ; on les employa alors comme des moellons dans les fondations du bâtiment de l'Intendance.

J'ai déjà fait connaître[1] le véritable nom de l'artiste auquel étaient dues ces statues, qui lui coûtèrent plusieurs années de sa vie, et qu'on laissa stupidement périr comme

1. Voy. *le Palais ducal de Nancy*, p. 95.

tant d'autres chefs-d'œuvre qui ornaient l'ancien palais de nos ducs : cet artiste, c'est *Siméon*, et non Simon Drouin, comme l'appelle Lionnois, le seul auteur qui en ait parlé. N'est-il pas étrange qu'au bout d'un siècle environ, la mémoire de ce personnage ait été complètement oubliée, et que les écrivains qui avaient pu admirer encore ses ouvrages, aient même ignoré comment il s'appelait?

Siméon Drouin est digne cependant d'occuper une place honorable parmi les sculpteurs lorrains, et on va voir en quelle estime il était auprès des princes sous les règnes desquels il vécut. Aussi voudrais-je faire connaître la date et le lieu de sa naissance, dire près de quel maître il étudia, citer, enfin, quelques particularités de sa vie ; mais, moins heureux que plusieurs de ses contemporains, il a passé sans laisser le moindre souvenir. Par bonheur, les documents de cette époque n'ont pas tous disparu comme les monuments des arts, et ils viennent, jusqu'à un certain point, suppléer au silence des historiens.

Ce qui est hors de doute, plus encore pour Siméon que pour les autres Drouin, c'est qu'il était né en Lorraine ; quant à ses maîtres, peut-être n'alla-t-il pas en chercher hors de sa patrie, où Florent vivait encore, et où il avait sous les yeux les excellents modèles laissés par Mansuy Gauvain, par Ligier Richier et d'autres sculpteurs habiles qui s'étaient formés à leur école. Siméon avait dignement marché sur leurs traces, puisqu'il mérita d'être choisi pour exécuter le travail dont j'ai précédemment parlé. L'importance que le duc attachait à sa prompte et parfaite exécution ressort des termes mêmes du traité passé entre lui et l'artiste, et dont j'ai trouvé une copie que je crois devoir transcrire textuellement :

« Ce jourd'huy vj^e jour d'aoust mille six cent seize,

» furent présens en leurs personnes par devant le tabel-
» lion au duché de Lorraine soubsigné, et tesmoins cy
» après dénommez, hault et puissant seigneur Joachin
» Charles Emmanuel comte de Tornyelle, Brione, Sala-
» rol et de Chalant, baron de Bauffremont et grand mais-
» tre de l'hostel et sur-intendant des finances de Son
» Altesse, et ce pour et au nom d'icelle, d'une part, et
» Siméon Drouin, sculteur, demeurant à Nancy, d'autre
» part, lesquelz ont volontairement recognu et confessé
» avoir faict, traité, convenu et accordé entre eulx les
» marchez et conventions que s'ensuivent, sçavoir que
» ledit Drouin a promis et sera tenu de faire à ses pro-
» pres fraiz et despens, pour le service de Sadite Altesse,
» quatorze statues de pierre de Sabvonnière en Partois
» pour mettre et poser au jardin derrière le chasteau de
» Sadite Altesse, à Nancy, ensemble quatorze niches et
» piédestal, toutes de pierre du Pont-à-Mousson, pour
» poser lesdictes statues qui représenteront DIANE avec
» un griffon auprès d'elle et la hure d'un cerf; JUPITER
» tenant un fouldre en mains avec une aigle auprès de
» luy; FLORA tenant un chapeau de fleur en main;
» HERCULES tenant une masse d'une main et une peau
» de lyon de l'autre; JUNON avec ung paon auprès
» d'elle; PARIS tenant une pomme en main; CÉRÈS te-
» nant une cille en main et auprès de soy une gerbe de
» bled; MARS tenant un coutelas en main et de l'autre
» une targue; ORPHÉE tenant une lire; ADONIS tenant
» une javeline en main, ayant ung dogue d'un costé et de
» l'autre une hur de sanglier; VULCAN tenant ung mar-
» teau d'une main et de l'autre appuyé sur un heaume
» posé sur une enclume; APOLLON tenant un arc en
» mains; MINERVE tenant une lance d'une main et de

3

» l'autre une targue, et VÉNUS ayant un Cupido auprès
» d'elle. Toutes lesquelles quatorze statues auront sept
» pied et demy en haulteur, de pierre de Sabvonnière en
» Partois, et seront icelles chacune d'une seule pièce, sy
» ce n'est que, pour la perfection d'icelles, ledit Drouin
» soit contraint y adjouster quelques petites pièces. Les
» niches pour mettre lesdictes statues seront de dix piedz
» de haulteur et quatre de large, et seront faictes de
» pierre de taille du Pont-à-Mousson ou du Pont-Saint-
» Vincent, comme aussy les piédestal seront faictz de la
» mesme pierre, et auront ung pied et demy de haulteur
» auquel sera gravé le nom de la statue posée sur iceluy;
» lesquelles, ensemble les niches, piédestal et autre be-
» songne à ce nécessaire, ledit Drouin a promis et s'est
» obligé rendre le tout fait et parfait, deuement et
» fidellement, à dit d'expertz et gens à ce cognoissans, à
» ses propres fraiz, comme dit est, dans deux années à
» commencer dès la datte du présent traité. Pourquoy
» faire, commencera à y travailler incessamment et jours
» après autres et continuer jusques à l'entier accomplis-
» sement et perfection desdits ouvrages, moyennant ce
» que ledit seigneur comte a promis de faire paier et dé-
» livrer audit Drouin la somme de quatre cent vingt cinq
» frans pour chacune statue, niche et piédestal, rendues
» posées à leur perfection, et des pierres prédictes, reve-
» nant le tout, audit pris, à la somme de six mille trois
» cent frans[1], monnoie de Lorraine, sur et en tant moins
» de laquelle ledit Drouin a confessé avoir receu par ad-
» vance dudit seigneur comte, audit nom, la somme de

1. Et non 2,300 francs, comme je l'ai dit par erreur dans *le Palais ducal de Nancy*.

» cinq cent frans, dite monnoie, de laquelle il s'est tenu
» contant et bien paié. Le reste d'icelle somme luy sera
» paié et fourny à mesure et proportion que lesdictes sta-
» tues se feront et seront posées en leurs lieux. Soub les-
» quelles conditions ont promis et promettent lesdictes
» parties, respectivement par leurs foidz, sçavoir : ledit
» Drouin, de bien deuement et fidellement rendre faitz et
» parfaitz lesdits ouvrages dedans lesdits deux ans, au
» contentement de Sadite Altesse, à peine de tous des-
» pens, dommages et interestz qu'à faulte de ce pourroit
» arriver, obligeant à cest effect tous et un chacun ses
» biens meubles et immeubles présens et advenir par tout,
» les submettant aux jurisdictions, forces et contraintes
» de tous lieux et justices, pour sur iceux, faulte d'ac-
» complissement de ce que dessus, y estre exploité réel-
» lement et de fait comme pour chose cognue et jugée en
» jugement contradictoire. Et pour meilleure asseurance
» audit seigneur comte, tant desdits ouvrages, restitution
» des sommes receuës par ledit Drouin, que de tous les
» interestz qu'à faulte de la perfection desdits ouvrages
» ou autrement, Sadicte Altesse pourroit supporter, M^{re}
» Jean Vincent, marchant, et François Bourbonnois,
» peintre, tous deux bourgeois de Nancy, estans à ce faire
» présens, lesquelz, de leur bon gré, pure, franche et
» libre volonté, se sont constituez pleiges et cautions et
» principaulx satisfacteurs et rendeurs dudit Drouin, et à
» cest effect en ont obligé tous leurs biens meubles et im-
» meubles aux mesmes submissions et exécutions sus-
» dictes ; renonceans ledit Drouin et sesdictes cautions au
» bénéfice de division, ordre de discussion, à l'exception
» du premier requis et interpellé, et à tous garendz et
» arrier-garendz, et à toutes les exceptions contraires à

» ces présentes. Et ledit seigneur comte, audit nom, de
» faire paier audit Drouin ainsy qu'il est cy dessus spé-
» cifié, à peine de tous despens, dommages et intérestz.
» Faict et passé à Nancy les an et jours prédict. Présens
» honorables Nicolas Jacob, demeurant à Lunéville, et
» Claude Bartelemy, domesticque au sieur de Girmont,
» conseiller et auditeur des Comptes de Lorraine, pré-
» sens. Ainsy signé : J. E. Charles de Tornielle, D. Per-
» rin, Siméon Drouin, Jean Vincent et François Bour-
» bonnois[1] ».

Dès cette année, Drouin recevait, comme premier acompte, une somme assez importante, sans doute pour acheter les matériaux qui lui étaient nécessaires : « A Sy-
» méon Drouin, *sculpteur ou tailleur de statues de pierre*
» *en bosse*, la somme de dix sept cens frans des deniers
» provenans des amendes ausquelles sont estés condamp-
» nés les receveurs qui n'auroient apportés les aydes gé-
» néraulx de leurs offices, sur et tant moins de six mille
» trois cens frans qu'il doit avoir... pour quatorze statues
» de pierre, chacune ayant sept pieds et demy de haul-
» teur, avec leurs niches et pied d'estal convenables, tail-
» ler, mettre, poser et rendre le tout parfaict, dans deux
» ans, au jardin derrier l'hostel de Son Altesse à Nancy[2]... »

Afin de faciliter à l'artiste son travail, on lui avait ar-
rangé un atelier près du jardin du Palais : « Le comptable
» faict despence de la somme de trente frans qu'il a payé
» à Chrestien Idou, voilleur, demeurant à Selles, pour
» un cent de planches... et six pennes simples qu'il a
» vendu pour une cloison que monsieur le Grand Maistre

1. Liasse cotée B. 1306.
2. Trésorier général pour l'année 1616, reg. coté B. 1303.

» a commandé estre faicte soub la gallerie neuve du jar-
» din de la Court pour y tailler quelques figures à mettre
» audit jardin.

» A Mengin Mesnil, chartier, demeurant sur le pont de
» Marzeville, vingt un frans un gros pour le charrois d'un
» cent et demy planches et cinq pennes sapin qu'il amena,
» l'an dernier, dez sur la rivière devant S¹ George pour
» faire le théâtre du sacre de Monsieur de Verdun,....
» comme aussy pour le charrois d'un cent de planches et
» six pennes qu'il a mené au jardin du chasteau pour la
» loge du sculteur[1]... »

Conformément au traité passé avec lui, Siméon Drouin
reçut chaque année, jusqu'en 1620, du trésorier général,
des sommes plus ou moins considérables, mais dont le
total ne s'élève guère qu'à la moitié de celle qui lui avait
été promise. Il est probable qu'il fut également payé sur
les deniers d'une autre recette, ou bien que ce qui lui res-
tait dû fut transformé en une rente ou pension annuelle
que lui accorda le duc Henri II, en le nommant sculpteur
de son hôtel. Les lettres de ce prince témoignent de sa
satisfaction pour les services de l'artiste, et de son désir
de l'attacher à sa personne :

» Henry, par la grâce de Dieu, duc de Lorraine, etc.
» A nostre amé et féal le gruyer de Nancy, Salut. Comme
» ainsy soit qu'ayons puis naguère receu à nostre service
» Mre Siméon Drouin, *natif de nos pays,* en qualité de
» sculpteur de nostre hostel, pour faire statues de marbre,
» pierre et autres matériaux, pour nostre service, et du-
» dict estat luy en faict expédier lettres de provision en

---

1. Cellérier de Nancy pour l'année 1617, reg. coté B. 7494.

» date du vingtième du présent mois de mars, par les-
» quelles, entre autres choses, il est dict que, pour ce,
» luy avons octroyé gages de dix frans par an sur les
» charges de nostre trésorier général présent et advenir,
» et outre ce luy accordé une pension sur les deniers de
» nostredicte gruyerie de Nancy, sans que toutesfois jus-
» ques icy vous en ayons décerné noz lettres et mande-
» ment ; à quoy voulant estre satisfaict, afin de luy donner
» quelque moien de nous servir et faire sa demeure or-
» dinaire et actuelle en nosdictz pays, *en considération*
» *de ses honnestes comportemens et de la grande expé-*
» *rience qu'il a en l'art de sculpture ;* nous, pour ces
» causes et autres raisonnables à ce nous mouvans, luy
» avons accordé et octroyé, accordons et octroyons par
» ceste, une pension annuelle de quatre centz frans, mon-
» noye de nosdictz pays, à recevoir par chacun an des
» deniers de voz charges, la vie durant dudict Drouin,
» *pourveu qu'il réside en nosdictz pays ;* en conséquence
» de quoy nous vous mandons et ordonnons et à voz suc-
» cesseurs gruyers de Nancy, que desdictz deniers de
» ladicte gruyerie, vous bailliez et délivriez par chacun
» an, au terme de Noël commanceant au prochain et con-
» tinuant à pareil terme d'an en an, audict Mre Siméon
» Drouin, sculpteur de nostre hostel, sa vie durant, *et*
» *résidant en nosdictz pays*, lesdictz quatre cent frans
» qu'octroyez luy avons ainsy et pour les causes que des-
» sus.... Donné en nostre ville de Nancy, le vingt-sep-
» tième mars 1621. Ainsy signé HENRY[1].... »

La stipulation relative à la résidence est soigneusement reproduite dans le compte de l'année suivante : « Son

---

1. Liasse cotée B. 7709.

» Altesse a octroyé à Mre *Simon* Drouin, sculpteur en
» son hostel, une pension annuelle de quatre cents frans....,
» la vie durant dudit Drouin, *pourvu qu'il réside ès pays*
» *de l'obéyssance de S. A*[1]. »

En 1626, le successeur d'Henri II confirma ce qu'avait fait ce prince en faveur de Drouin, par des lettres dont les termes sont on ne peut plus flatteurs pour ce dernier :

« Charles, par la grâce de Dieu, duc de Lorraine, etc.
» A nostre amé et féal Claude Ceuillet, gruyer de Nancy,
» et à son successeur en ladicte charge, salut. Ayant, dès
» le troizième du présent mois de janvier, retenu à nostre
» service nostre cher et bien aymé Siméon Drouin en
» qualité de sculpteur de nostre hostel, aux gages de dix
» frans par an, et *désirant de luy tesmoigner l'estime que*
» *nous faisons de ceux qui excellent en cest art et qui en*
» *ont* ATTAINT LA PERFECTION COMME LUY, et affin de luy
» donner aussi les moiens de continuer sa demeure ordi-
» naire et actuelle dans noz pays, nous, pour ces causes
» et autres à ce nous mouvans, avons à iceluy donné et
» octroyé, et par ces présentes donnons et octroyons, par
» forme de pention, la somme de quatre centz frans, mon-
» noye de noz pays, laquelle nous vous mandons et or-
» donnons que, des deniers de vostre gruierie, vous luy
» paiés et délivriés par chacun an au terme de Noël.....
» Car ainsy nous plaist. En foy de quoy nous avons à ces-
» dictes présentes, signées de nostre main, faict mettre et
» apposer en placart nostre scel secret Donné en nostre
» ville de Nancy, le quatrième jour du mois de janvier
» mil six centz vingt six. Signé CHARLES[2].... »

1. Gruyer de Nancy pour l'année 1622, reg. coté B. 7710.
2. Liasse cotée B. 7718.

Il paraît que, nonobstant les lettres parfaitement explicites du duc, le gruyer de Nancy, se retranchant derrière une ordonnance émanée de la Chambre des Comptes, avait refusé de payer à Drouin sa pension de l'année 1625; Charles IV l'ayant appris, adressa aussitôt au comptable un mandement, signé de sa main, qui enjoignait expressément à ce dernier de satisfaire l'artiste :

« De par le duc de Lorraine, marchis, duc de Calabre, Bar, Gueldres, etc.

» A nostre amé et féal Claude Cueillet, gruyer de Nancy,
» Salut. Combien que, par ordonnance addressée de nos-
» tre part à noz trèschers et féaux les président et gens
» des Comptes de Lorraine, tous paiemens de donnations
» et pensions qui pourroient estre sur les deniers de vostre
» charge vous aient esté prohibés plus avant que jusques
» et pour l'année 1624, si est ce que, sur la représenta-
» tion à nous faicte des motifz pour lesquels nostre cher
» et bien aimé Siméon Drouin, sculteur de nostre hostel,
» auroit esté gratifié de l'Altesse de nostre trèshonnoré
» seigneur et père d'une pention à vie de quatre centz
» frans, assignée sur vous, et afin de luy donner subject
» et moiens de nous continuer à l'advenir ses services et
» de faire sa demeure ordinaire dans noz pais, nous vous
» mandons et ordonnons que, sans avoir égard ou deférer
» plus avant ausdictes ordonnances, soit de nous ou des-
» ditz des Comptes, vous ayez à paier sans difficulté audit
» Siméon Drouin lesditz quatre cens frans pour l'année
» dernière mil six cens vingt cinq, ainsy qu'auparavant
» ladicte ordonnance.... Car ainsi nous plaist. Donné à
» Nancy, le dixhuictième jour de mars mil six cens vingt six.
» Charles.
            » Rousselot[1] ».

1. Liasse cotée B. 7716.

Enfin, par un nouveau mandement, non moins exprès que celui qui précède, le duc réitéra encore sa ferme volonté au sujet du paiement régulier de la pension assignée par son prédécesseur et par lui à Siméon Drouin :

« De par le Duc de Lorraine, marchis, duc de Calabre, Bar, Gueldres, etc.

» Amé et féal, encorque, par nos patantes du quatrième
» jour du mois de janvier de l'année dernière mil six centz
» vingt six, par lesquelles nous aurions accordé à nostre
» cher et bien aimé Siméon Drouin, nostre sculpteur, la
» somme de quatre centz frans de pension annuelle assi-
» gnée sur vostre gruierie, il ne soit fait aucune mention
» de l'octroy que feu nostre treshonoré seigneur et beau-
» père luy auroit faict de pareille pension, par les pa-
» tentes du septième mars mil six centz vingt un, et que,
» pour ce, vous pourriés faire difficulté de luy faire le
» paiement desdicts quatre centz frans que conformément
» aux ordres qui vous ont esté par nous adressez ou par
» nostre Chambre des Comptes de Lorraine pour le paie-
» ment de voz charges ; et comme nous désirons que
» ledict Drouin soit paié de sadicte pension, tant pour
» ladicte année 1626 qu'autres à venir, nous vous man-
» dons et ordonnons qu'en procédant par vous au paie-
» ment de vosdictes charges, vous paiés et délivriés audict
» Drouin lesdicts quatre centz frans, tant pour le passé
» qu'à l'advenir, selon la datte desdictes patentes de
» l'an 1621, lesquelles, pour l'esgard du temps et ordre
» desdicts paiementz, nous voulons avoir lieu, et ce no-
» nobstant tous mandementz, decretz, ordonnances et ré-
» glementz qui pourroient faire au contraire, ausquelz
» nous avons dérogé et dérogeons en faveur dudict

» Drouin. Car ainsy nous plaist. Donné à Nancy, le dix-
» septième mars mil six centz vingt sept.
» Charles[1] ».

A ce mandement est jointe la quittance de *Drouuyn*, revêtue de sa signature, parfaitement identique, pour l'orthographe, avec celles de Florent et de Jessé. Je fais cette remarque en passant, sans vouloir en tirer une conséquence qui ne serait peut-être pas fondée[2].

De 1622 à 1634, on trouve, chaque année, dans les comptes du gruyer de Nancy, la mention suivante : « Fait » despence de quatre cent frans délivrés à Siméon Drouin, » M° sculpteur en l'hostel de S. A., pour une pansion » annuelle qu'il a sur la gruyerie... »

Cette mention disparait, à partir de 1635, sans qu'aucune note indique le motif de sa suppression. Il faut en attribuer très-vraisemblablement la cause aux événements politiques qui étaient survenus : la Lorraine, devenue province conquise, subissait les tristes conséquences de l'occupation étrangère, et l'administration nouvelle ne se

---

1. Liasse cotée B. 7718. Il paraît, d'après une note du compte de 1634, que le duc donna encore, le 7 mars 1630, un mandement analogue à celui ci-dessus.

2. Il est assez vraisemblable qu'on peut appliquer à Siméon Drouin les deux mentions suivantes des comptes du cellérier et du receveur de Nancy, pour l'année 1627, et qui semblent n'être que la répétition l'une de l'autre : « Au Sr Drouin, sculpteur, cent frans pour réfec-
» tionner et asseurer les deux figures qui sont de part et d'autre de
» la cheminée de la neuve salle ». — « A Drouin, sculpteur, cent
» frans pour reffectionner une grande figure et asseurer l'autre qui
» est de part et d'autre de la cheminée de la grande salle du costé
» des Cordeliers ».

La *neuve salle* et la *grande salle du côté des Cordeliers* sont évidemment celle qu'on appelait aussi la salle d'Honneur, et qui, faisant suite à la Galerie des Cerfs, venait aboutir à l'église des Cordeliers.

croyait nullement tenue à remplir des engagements qu'elle n'avait pas contractés. Que lui importaient d'ailleurs les arts et les artistes dans un pays dont elle désirait effacer toutes les traditions historiques !

Quoi qu'il en soit, les obligations imposées à Siméon Drouin, en qualité de sculpteur du duc, lui laissaient assez de loisirs pour qu'il pût s'occuper de travaux particuliers. En 1632, le prince François, père de Charles IV, l'avait chargé de « parachever la chapelle ducale[1] », et la somme de 4,000 francs, allouée à l'artiste, prouve l'importance des ouvrages qui lui furent confiés. Il est à regretter qu'aucun document ne nous apprenne en quoi ils consistèrent.

L'année suivante, ce furent les magistrats de Nancy qui eurent occasion de recourir au talent de Drouin. En 1631, pendant que la maladie contagieuse désolait la capitale, les conseillers de ville avaient résolu, pour obtenir la cessation du fléau, de réclamer la toute-puissante intercession de la Sainte-Vierge, et ils avaient promis, en vertu d'une délibération solennelle, de faire célébrer perpétuellement, chaque semaine, une messe en son honneur dans la chapelle de Bon-Secours, et une messe haute le lendemain de son Assomption. De plus, et afin de consacrer le souvenir de ce vœu, ils avaient décidé qu'il serait gravé

---

1. « Faict despence de quatre milz frans que ce comptable a déli-
» vré au sieur Siméon-Drouin, sculteur de Son Altesse, de l'ordon-
» nance de Monseigneur, et ce par avance sur le prix du marché fait
» avec ledit Drouin pour parachever la chapelle ducalle bastie en
» l'église des Cordeliers de Nancy, par son mandement du premier
» avril 1632 ». (Compte du receveur du domaine du comté de Salm,
pour l'année 1632 : Trésor des Chartes, reg. coté B. 8822.)

sur une lame de cuivre, qu'on placerait dans la même chapelle[1].

Les magistrats s'adressèrent à Siméon Drouin pour qu'il esquissât le dessin d'un monument, en marbre, qui supporterait l'inscription commémorative, et ils passèrent avec lui, pour la confection de ce dernier ouvrage, le traité suivant :

« Pour proportionner l'ouvrage de marbre que Messieurs du Conseil de ville de Nancy désirent faire en la chapelle de Notre-Dame-de-Bon-Secours, faudra qu'il aye en hauteur six pieds un tiers et de largeur quatre pieds huit pouces, afin d'y pouvoir escrire 775 lettres proportionnées, suivant le desseing faict par Drouin, y ayant une place conservée au dessoub d'icelle inscription pour y escrire environ trois lignes, ainsi qu'il a esté proposé ; ledict ouvrage estant de marbre noir bien poly, sauf la tête d'ange qui sera au front despice (frontispice) et l'ornement qui sera au dessoub, ainsi qu'il est représenté par ledit desseing, qui seront de marbre blanc d'Italie. L'inscription gravée et dorée, de sorte que le tout soit achevé de tout point et possé en laditte chapelle, vaudra, tant pour fourniture que façon, six cents francs.

» Il y pourra avoir près de 300 lettres à l'inscription de dessoubs[2], et se fera tout l'épitaphe de marbre noir et blanc, ainsi qu'il est dépeint au modelle d'autre part.

» Les soubscripts Conseillers de la ville de Nancy ont fait marché avec Mᵉ Simon Drouin, sculpteur, demeu-

---

1. Voy. *Nancy, ses vœux à Marie*, par M. l'abbé Guillaume, p. 6-14.

2. Cette seconde inscription ne fut pas faite, on ignore pour quel motif.

» rant audit Nancy, pour la façon et fourniture de l'ou-
» vrage qu'il doit faire, marbre blanc et noir, de le poser
» au lieu désigné à la chapelle Notre-Dame-de-Bon-
» Secours, à ses frais et despens, de la haulteur et pro-
» portion représentée au modèle d'autre part, avec l'ins-
» cription de ce qui se debvra mettre et écrire au dedans
» de la table, qui sera de 1075 lettres ou environ ; que
» s'il se trouve, après que le tout sera posé, que l'on
» puisse ajouter quelque chose aux conventions, en des-
» sus ou ailleurs, pour l'embellissement et perfection
» dudit ouvrage, qu'il la fera soit de marbre blanc ou
» noir, et fournira tout ce qui sera nécessaire, sans au-
» cune obligation aux soubscripts que de lui payer la
» somme de six cents francs des deniers de la ville, sa-
» voir : la moitié lorsque l'on amènera lesdits marbres
» des Pays-Bas, et le surplus à la perfection de l'ouvrage,
» qui devra estre posé à la Saint-Martin prochaine pour
» tout délay, à peine de tous despens, soubs l'obligation
» réciproque des biens de ladite ville et ceux dudit Drouin.
» Faict audict Nancy, le 30 mai 1633.

» Rennel, Labbé, Janin, Vignolles, Fèvre, Lenoir, Colin. »

Le traité qui précède est conservé en original aux Archives de Nancy, avec trois pièces fort intéressantes : l'une est très-vraisemblablement le dessin mentionné dans les premières lignes du marché ci-dessus ; c'est un encadrement surmonté d'un fronton au milieu duquel se trouve une tête d'ange, et au-dessous ces mots : VIRGINI VIRGINVM VOTVM. La partie inférieure de l'encadrement est décorée des armoiries de Nancy, placées dans un arabesque qui termine le monument.

L'autre pièce est l'inscription même, composée de 757

et non de 775 lettres, différente de celle qui fut replacée en 1742, et qu'a donnée Lionnois[1]; en voici le texte :

TIBI, MAGNA DEI MATER, EGO VOTI REA, NANCEIANA CIVITAS, HOC PERENNE POSUI TUÆ IN ME MONUMENTUM BENEFICIENTIÆ, MEÆ IN TE GRATITUDINIS. JAM OLIM ERAM TIBI OBSTRICTA, TUIS SUFFULTA PRÆSIDIIS, NOVITER TAMEN VOLUI ET DEBUI VOTI SOLEMNITATE ARCTIUS DEVINCIRI, UT DUM SÆVA LUES, NOXIARUM ULTRIX JUSTE A COELO IMMISSA, IMPUNE DIFFUNDITUR, TU REPRIMAS, ET PLACATO FILIO (QUÆ SOLA MATERNE SOLES EXORARE), FLAGELLA DE VINDICE MANU EXTORQUEAS. IDEO TUIS SISTAM ARIS MYSTAM, QUI, QUOT HEBDOMADIS, MEORUM AD TE, SUPPLEX, VOTA DEPORTET, QUIQUE, ALTERO POST TUUM IN COELIS TRIUMPHUM DIE, EXPIABILI CANTU, PRO IIS OPERETUR QUOS EX ALBO MEO MALI EXPUNXERIT CONTAGIUM. AUDI, Ô POTENS MORBORUM DEPULTRIX, SPONSIONEM MEAM ET ANNUE. CAROLUM IV, NICOLÆAM CONSORTEM, DUCES, MAGNOS, CLEMENTES, PIOS, CÆTEROS AUGUSTALIS MEI PRINCIPES, CIVES DEMUM OMNES, SIC PER ME ACCIPE UT PER TE A MALO SINT IMMUNES, PER TE ETIAM IN COELO SISTANTUR FOELICES. FIAT. FIAT.

ANNO DOMINI M. DC. XXI.

Enfin, la troisième pièce que possèdent les Archives de Nancy, et la plus curieuse, est celle dont nous donnons le fac-simile[2].

Il est à supposer que, conformément à une des réserves faites dans le marché, on reconnut qu'il y avait quelque chose à ajouter « pour l'embellissement et la perfection de

1. T. I, p. 594.
2. D'après la copie qui en a été faite par M. Alexandre Geny, vice-président de la Société d'Archéologie.

l'ouvrage », car cette nouvelle esquisse de Siméon Drouin ne ressemble plus au projet primitif mentionné dans le traité passé entre l'artiste et les conseillers de ville. Ainsi, au lieu d'un simple encadrement surmonté, dans le fronton, d'une tête d'ange, et décoré, à la partie inférieure, des armes pleines de Nancy[1], le dessin du sculpteur représente un véritable monument, digne à la fois de la cité qui le faisait ériger et de Celle à laquelle il était offert. La table de marbre, destinée à l'inscription votive, y est accostée, à droite, de la statue de saint Sébastien, à gauche, de celle de saint Roch, supportées par des consoles à têtes d'anges, et le fronton est couronné par une statue de saint Charles Borromée, dont l'artiste avait présenté deux modèles, l'un à genoux, dans l'attitude de la supplication, l'autre debout, montrant le bienheureux archevêque soutenant de la main droite le cordon qu'il portait au cou, et semblant le montrer à Dieu en signe d'expiation.

Dans l'original, ces deux modèles sont posés l'un sur l'autre, en manière de *papillons*, et ils recouvrent un troisième dessin (celui qui est placé à gauche sur notre planche) représentant un personnage qu'il est assez difficile de déterminer : c'est peut-être saint Nicolas, quoiqu'on ne voie pas figurer à ses pieds les trois enfants qui l'accompagnent ordinairement.

La présence des trois autres saints s'explique parfaitement : saint Charles Borromée se signala, comme on sait, durant la peste qui désola Milan, et il était tout naturel que, dans des circonstances analogues, la ville de Nancy

1. Elles ne sont qu'ébauchées dans le dessin ci-joint, et devaient être vraisemblablement remplacées par celles qui sont placées au bas de la première esquisse.

se plaçât sous sa protection. Quant à saint Roch et à saint Sébastien, on les invoquait tout particulièrement en Lorraine dans les temps de contagion ; et il existe encore, dans la chapelle de l'hôpital Saint-Julien et dans celle de l'hospice Saint-Charles, des tableaux où ils sont représentés, soit avec la Sainte-Vierge, soit avec le saint archevêque de Milan[1].

[1]. Voici la description de ces tableaux, telle qu'a bien voulu nous la donner M. l'abbé Guillaume :

A Saint-Julien, dans la sacristie, un tableau ayant près de 1 m. 50 c. carrés, représentant, dans le lointain, la Ville-Vieille et partie de la Ville-Neuve de Nancy. Au-dessus, à droite, comme planant sur la ville, et formant sujet principal, les saints Charles Borromée, Sébastien et Roch. Plus haut, à gauche, la Sancta-Casa ou Sainte-Maison de Lorette, sur laquelle paraît assise la Sainte-Vierge tenant entre ses bras l'enfant Jésus, le tout porté par des anges. Plusieurs figures de saints, entre autres celle de sainte Claire, se détachent avec des anges ; dans le lointain, des nuages. A gauche et au bas du tableau, le donateur et sa femme à genoux. Dans un cartouche oblong et faisant bordure à la partie inférieure du sujet, on lit : « Willermin Richardot, bourgeois » de Nancy, et Catherine Manessier, sa femme, ont faict faire ce ta- » bleau en l'honneur de Dieu et de Nostre-Dame de Lorette en l'an- » née 1639. Ledit Richardot mourut le 13 avril 1649, aagé de LX » ans, et ladite Catherine le 16 novembre 1643, aagée de LXII ans. »

A Saint-Charles : 1° à droite de l'autel, dans la nef, un tableau de 3 à 4 m. de hauteur sur 2 à 3 de largeur. Nancy, beaucoup plus développé que dans le précédent. Autour, dans la campagne, sont représentées les bordes ou baraques en planches, avec leurs tristes hôtes. Un prêtre met en borde un pestiféré, et lui fait les recommandations d'usage. A droite du tableau et à mi-hauteur planent sur la ville, côte à côte et à genoux sur des nuages, comme dans le précédent, saint Charles Borromée, saint Sébastien et saint Roch. Sur la gauche, en haut, la Sancta-Casa de Lorette, de même que dans celui de Saint-Julien. 2° A gauche de l'autel, dans la nef, un autre tableau de dimensions à peu près semblables à celles du précédent. Les sujets principaux sont de grandeur naturelle. A droite, saint Sébastien attaché à un arbre ; à gauche, saint Roch montrant du doigt une plaie

Lequel des deux modèles dont il vient d'être parlé fut-il choisi ? on l'ignore ; et, si l'on s'en rapportait à Lionnois[1], on croirait même que le projet conçu par Drouin ne reçut pas d'exécution. En effet, au dire de cet historien, le monument primitif du vœu de la ville de Nancy, remplacé par celui que les magistrats firent ériger en 1742, « avoit ses trois figures de la Vierge, de la Lorraine et de Nancy, en marbre blanc, parfaitement exécutées ».

Cette assertion est formellement contredite par Dom Calmet[2], qui range au nombre des ouvrages de Drouin les statues de saint Sébastien, de saint Roch[3] et de saint Charles, dans l'ancienne église de Bon-Secours. Durival a également adopté cette version, et il semble qu'on doive se ranger à l'opinion de ces deux auteurs plutôt qu'à celle de Lionnois. Ni l'un ni l'autre, du reste, il est juste de l'ajouter, ne citent les sources où ils ont puisé leurs renseignements.

Le monument votif destiné à l'église de Bon-Secours n'était pas installé, que le fléau de la peste, auquel était venu se joindre celui de la guerre, désolait de nouveau la capitale. Dans ces douloureuses circonstances, les magis-

---

ouverte sur sa cuisse ; il a son chien debout à ses pieds. Entre les deux personnages, la ville de Nancy se développant de toutes parts ; au-dessus, la Sainte-Vierge portant l'enfant Jésus, assise sur un trône de nuages entouré d'anges. Au bas du tableau, sur un petit cartouche blanc et tout uni se trouve la signature *R.* (Rémond) *Constant* et le millésime 1610.

1. T. I, p. 593.
2. *Bibliothèque lorraine,* t. I, col. 336-337.
3. Il existe, à la Cathédrale, dans la chapelle voisine de celle de Notre-Dame-de-Bonne-Nouvelle, une statue de saint Roch, et dans les magasins de l'église Saint-Sébastien, une statue de ce dernier saint, qui semblent provenir de l'ancien monument de Bon-Secours.

trats crurent devoir s'adresser encore à leur divine protectrice, en envoyant à Notre-Dame-de-Lorette un ex-voto en argent, représentant la Ville de Nancy[1].

Marché fut passé, à cet effet, le 21 novembre 1633, avec le sculpteur César Foulon, lequel s'engagea, moyennant la somme de 1,300 francs, à « faire le portrait en relief de la ville, sur une table d'argent fin, poinçon de Paris, où seraient dépeintes les villes vieille et neuve, veues de face, avec les boulevarts, bastions et guérites en leurs perspectives, et tous les édifices d'églises, tourelles, pavillons et aultres bâtiments... »

La mort surprit l'artiste avant qu'il eût achevé son travail, et, en 1644, sa veuve présentait une requête aux magistrats à l'effet d'obtenir le paiement de ce qui avait été fait, demandant qu'on choisît pour experts les sieurs Callot, héraut d'armes; Chaligny, fondeur; Crocx le jeune et Hardy, tous deux orfèvres, et en cas qu'ils ne pussent s'accorder sur l'estimation, le sieur Simon Drouin. Cette requête est datée du 4 juillet, et la déclaration des experts, du 8 août, revêtue des signatures de J. Callot, de Demenge Crocx et de S. Drouin; cette dernière parfaitement semblable à celle qui se trouve au bas de sa quittance de 1626[2].

Le document que je viens de rappeler atteste que Siméon Drouin vivait encore en 1644. J'ai voulu chercher à fixer l'époque précise de sa mort; mais les registres des paroisses, conservés aux Archives de l'Hôtel-de-Ville de Nancy, ne m'ont fourni aucun renseignement à cet égard, et j'ignore s'il faut adopter la date de 1649, donnée par

---

1. *Nancy, ses vœux à Marie,* p. 15 et suiv.
2. Voy. ci-dessus, p. 42.

Chevrier et Durival, ou bien celle de 1647, indiquée, sur la foi de je ne sais quelle autorité, par les auteurs des Biographies modernes.

Siméon Drouin ayant au moins vécu jusqu'en 1644, tandis que Florent était mort en 1612, il y a tout lieu d'attribuer au premier l'autel d'Haraucourt, dans l'église des Carmes (1630), et les figures qui décoraient le mausolée de Georges-Affrican de Bassompierre, mort en 1633[1].

Quant à l'auteur du plan de l'église des Bénédictins, que Lionnois prétend être « le fameux architecte et sculpteur Drouin », je n'ose me prononcer : rien n'établit que Jessé ni Siméon aient été architectes, et, pour les Florent, qui avaient tous deux cultivé cet art, ils avaient depuis longtemps disparu à l'époque (1626) où fut conçu le projet d'ériger cet édifice.

Les nombreux documents que j'ai consultés sont également muets à l'égard de *Nicolas* Drouin, et je n'hésite pas à révoquer en doute son existence, malgré le respect dû aux biographes qui en ont fait une de nos illustrations : ils ont commis tant et de si grossières erreurs, qu'on me pardonnera bien de ne pas avoir en eux une confiance aveugle.

Ce qui résulte des sources tout-à-fait dignes de foi auxquelles j'ai puisé, c'est qu'il y a eu quatre individus du nom de Drouin, ayant ou n'ayant pas appartenu à la même famille : 1° *Florent Drouin le Vieux*, qui ne fut qu'architecte ; 2° *Florent Drouin*, qu'on pourrait surnommer *le Jeune*, pour le distinguer de son homonyme, et qui fut tout à la fois architecte et sculpteur ; 3° *Jessé Drouin*, simplement sculpteur ; 4° enfin, *Siméon* (et non

---

1. Voy. Lionnois, t. II, p. 294-295, 386.

Simon) *Drouin*, l'artiste qui mérita l'estime des ducs Henri II et Charles IV.

Peut-on les compter également tous parmi les hommes marquants auxquels la Lorraine se glorifie d'avoir donné le jour? Ce qui reste des œuvres de Florent permet de revendiquer pour lui cet honneur ; quant à Siméon, à défaut de ses ouvrages, malheureusement détruits, on peut, comme on l'a vu, invoquer en sa faveur des témoignages éclatants qui plaident éloquemment sa cause devant la postérité.

www.ingramcontent.com/pod-product-compliance
Lightning Source LLC
LaVergne TN
LVHW022200080426
835511LV00008B/1473